Danksagung

Wir danken der
Irène Bollag-Herzheimer Stiftung,
Basel, für die Druckförderung.

ANTWORT AN ALBERT ...
Eine jüdische Familienchronik
zwischen Deutschland und Chile

Von **Lore Hepner Halberstam**,
Santiago de Chile,
erstmals aufgeschrieben 1984–1988

Ergänzt und übersetzt
aus dem Spanischen ins Deutsche
von der Autorin selbst, Santiago, 2021

Mit einem Vorwort von **Myriam Halberstam**

Ariella Verlag

Ende 2021 erhielt ich eine E-Mail eines Verlagskunden, der eine ältere Bekannte in Santiago de Chile hat. Ob ich eventuell mit Lore Hepner Halberstam verwandt sei, fragte er.

Ich schrieb ihm, dass alle Halberstams miteinander verwandt seien, da sie auf eine im 17. Jahrhundert aus dem preußischen Halberstadt nach Russland emigrierte Familie zurückgingen, deren Namensschreibweise an die russische Schrift angepasst worden war. Alle Nachfahren dieser emigrierten Familie Halberstadt heißen Halberstam. Bis heute sind sie eine große, hochgeachtete chassidische Rabbinerdynastie. Nur wenige Nachkommen leben recht säkular.

Daraufhin erhielt ich eine E-Mail von der 92-jährigen Lore Hepner Halberstam, die über diese Erklärung sehr beglückt war, denn sie wusste nichts über die Entstehung des Familiennamens und freute sich, eine Verwandte – wenn auch eine sehr, sehr entfernte – gefunden zu haben. Lore Hepner H., wie sie sich in Chile nennt, erzählte mir, dass sie aus Berlin stammt, und es stellte sich heraus, dass die drei Stolpersteine in der Berliner Rankestraße nahe dem Ku'damm, auf die ich seit einigen Jahren jeden 9. November Blumen und – dem jüdischen Brauch nach – kleine Erinnerungssteine lege, Stolpersteine für Lores ermordete Großeltern und ihren Onkel sind. Lore war sehr gerührt zu hören, dass ich regelmäßig ihrer ermordeten Verwandten gedenke. Auch ich war sehr ergriffen von dem entstandenen Kontakt zu Lore, die nun auf direkte Weise eine Verbindung mit diesen ermordeten Mitgliedern der weit verzweigten Familie herstellte. Welch ein Zufall!

In Chile hatte Lore, so erzählte sie mir, Mitte der 1980er-Jahre auf Spanisch eine Familienchronik über ihre in Deutschland bereits seit den frühen 1850er-Jahren assimiliert lebende Familie sowie über die Emigration ihrer Kernfamilie nach Chile im Jahr 1938 geschrieben. Die Chronik war 1990 unter dem Titel *Respuesta a Albert – una crónica familiar* im chilenischen Verlag Caligrafiazul als Buch herausgekommen. Ihr großer Wunsch war, dass das Buch nun auch in Deutschland publiziert würde. Für mich war sofort klar, dass es keinen besseren Ort als den Ariella Verlag geben könnte, um diesen spannenden und bewegenden Bericht der Flucht ins Exil zu veröffentlichen!

Ich fragte Lore, ob eventuell die Möglichkeit bestünde, vom Goethe-Institut in Santiago de Chile eine kleine finanzielle Unterstützung für die deutsche Veröffentlichung zu bekommen, aber aus Erfahrung wusste Lore, dass dort traurigerweise an ihrer Geschichte kein Interesse bestand.

Lore meinte, sie habe für eine Deutschlandreise regelmäßig Geld von ihrer kleinen Rente abgezweigt, und

*Stolpersteine in der Rankestraße in
Berlin für Lore Hepner H.s Großeltern
Adele und Wilhelm Halberstam sowie
ihren Onkel Albert*

bot mir dies als Zuschuss an. „Dann fahre ich eben nicht mehr nach Deutschland", erklärte sie mir. So wichtig war ihr das Erscheinen ihres Buches auf Deutsch. Ich lehnte ab, das konnte ich nicht annehmen, ich würde das Buch schon irgendwie anderweitig finanzieren.

So übersetzte Lore zunächst selbst ihr Manuskript aus dem Spanischen ins Deutsche, damit ich es lesen konnte. Sie schickte es mir per Post sogar zweimal zu, da wir dachten, es sei verloren gegangen – der Zoll arbeitete während der Corona-Pandemie sehr langsam. Gespannt las ich mir den Text durch. Einige Wochen hatten wir keinen Kontakt, aber plötzlich, vier Tage vor Pessach 2022, klingelte es an meiner Tür in Berlin. „Jemand sucht den Ariella Verlag", rief mir meine Nachbarin durch die Gegensprechanlage zu. Als ich hinunterkam, stand Lore mit ihrer Tochter Lolinca vor meiner Haustür. Sie waren nach Berlin gekommen, ohne mir vorher Bescheid zu geben, und hatten meine Telefonnummer nicht aus dem Hotel heraus wählen können. Welch eine Überraschung!

Lore und Lolinca waren die Ehrengäste an unserem Seder in diesem Jahr. Es war eine tolle, sehr ausgelassene, aber auch bewegende Feier. Einige Tage danach gingen wir gemeinsam in die Rankestraße und legten Blumen auf die Stolpersteine von Lores Großeltern und ihrem Onkel, wie ich es sonst immer allein getan hatte. Gemeinsam sagten wir ein Gebet. Und nun erscheint ihr Buch auf Deutsch. Ein Kreis hat sich geschlossen.

Myriam Halberstam

Lore Hepner H. mit ihrer Tochter Lolinca Arriagada Hepner (linkes Bild) und Myriam Halberstam (rechtes Bild) im Frühjahr 2022 in Berlin

Lore und ihre Brüder ....

| **Brief an** meinen Neffen Albert

Im Juli 1939 verließen der Rechtsanwalt Dr. Heinrich Hepner und seine Frau Käthe zusammen mit ihren Kindern Klaus (16), Ernst (14) und Lore (10) in der chilenischen Hafenstadt Valparaíso das Schiff, das sie in einem historischen Moment des 20. Jahrhunderts an diesen weit entfernt liegenden Ort des südlichen Pazifiks gebracht hatte. Diese Tatsache könnte wie ein unwichtiges Ereignis erscheinen, wie ein flüchtiger Fußabdruck im weißen Sand der chilenischen Küste.

Heute, fast ein halbes Jahrhundert, nachdem Heinrich Hepner, seine Frau und seine Kinder ein jedes seinen Koffer nahm, um sich damit einen Weg durch die schreiende Menge zu bahnen, eine Menge aus barfüßigen, dunkelhäutigen Kindern, aus Frauen mit schwarz glänzendem und eigenartig gelocktem Haar sowie aus schwarz gekleideten Männern, heute fragst du, lieber Albert, wie es zu dieser Entscheidung kam, das Bekannte zurückzulassen und es gegen eine unbekannte Welt einzutauschen. Was uns bewogen hat, unser Heimatland zu verlassen, um ein anderes zu suchen, unsere Muttersprache, die in uns wächst, um nun eine neue, fremde Sprache lernen zu müssen, die mit der uns bekannten nichts zu tun hat?

Albert, ich verstehe deine Frage, weil gerade für dich die Ankunft jener kleinen Familiengruppe an der Küste dieser fremden Welt nicht nur ein Fußabdruck im Sand war, der bald vom Meeresschaum verwischt wurde. Für dich war es die geglückte Umsetzung einer Pflanze, die zu einem starken Baum wurde, von dem du einer seiner Äste bist.

Mit deinen 18 Jahren verstehst du, dass es sehr schwerwiegende und schmerzhafte Gründe gewesen sein müssen, die einen Anwalt des Kammergerichts von Berlin dazu gebracht haben, alles hinter sich zu lassen, um sich in einem Land niederzulassen, mit dessen Gesetzbüchern er nichts anfangen konnte und von dem er nur wusste, dass es Kupfer, Salpeter und gute Weine produziert.

Ich sehe deine Generation an, und in der horizontalen Linie, die du und deine Cousins bilden, finde ich schon zwei neue Nachnamen:

Hepner-Gonzalez und Arriagada-Hepner[1].

Was mir beweist, dass die Ankunft der Hepner Halberstams bald „Geschichte" sein wird, denn in die-

---

[1] In Chile benutzt man immer beide Nachnamen, d.h. von Mutter und Vater, also in meinem Fall Hepner Halberstam, die man auch nicht verliert, wenn man heiratet. Den Namen des Mannes nehmen erst wieder die Kinder an, so heißen meine Kinder Arriagada Hepner. Über meinen Namen bin ich sehr froh, denn ich habe meine Großeltern sehr geliebt, sie spielten eine wichtige Rolle in meiner Kindheit, und ich bin sehr stolz darauf, Halberstam zu heißen.

Lore mit ihren Kindern Lolinca und Lisandro

ser Familienpyramide verlieren sich die Halberstams schon in der nächsten Linie, und auch die Hepners werden immer weniger:

Espinosa-Hepner, Zaviezo-Arriagada, Hepner-Comparini

Arriagada-Gajewski, Hepner-Ausin

Und für diejenigen, die so heißen, repräsentiert Heinrich Hepner Cohn nurmehr ein Achtel ihrer Herkunft.

Deine Frage, lieber Neffe, hat eine Glocke schlagen lassen, die mich darauf aufmerksam machte, dass ich, aus der zweiten Generation der Hepners, die 1939 nach Chile kamen, die nächste und die letzte sein werde, die die Szene verlassen wird, und wenn ich nicht sofort diese Chronik schreibe, um deine Frage zu beantworten, wird es später niemanden mehr geben, der es tun könnte.

Santiago de Chile, 1984

Das Ehepaar Halberstam:
Adele Halberstam, geb. Mamroth, wurde
am 14. Dezember 1871 geboren und am
19. November 1943 in Auschwitz ermor-
det. Wilhelm Halberstam wurde am
6. Dezember 1866 geboren und starb, ver-
hungert, im Konzentrationslager Wester-
bork in Holland am 4. Oktober 1943.

| Die **Halberstam-Mamroths**

Es war im Jahr 1856 in Breslau, als der vierzigjährige Kaufmann Victor Mamroth das Klassenzimmer der kleinen jüdischen Mädchenschule stürmte, um die schöne Schülerin Anna Weigert zu bitten, sie möge ihn heiraten und so zur Mutter seiner acht Kinder werden, die sie ihm in den kommenden 20 Jahren schenken würde. Die vorletzte dieser großen Schar wurde Adele, geboren 1871.

Wie es scheint, beschloss Adele schon in jungen Jahren, modern und emanzipiert zu sein. Sie scherte sich nicht um Konventionen, die ihre Altersgenossinnen für alltäglich hielten, stattdessen bekam sie sehr bald die Auszeichnung einer Freischwimmerin und 1892 das Diplom als autorisierte Rettungsschwimmerin. Während ihre Freundinnen Klavierstunden hatten oder an ihrer Aussteuer stickten – so wie es damals für Frauen vorgesehen war –, ging Adele ihren sportlichen Aktivitäten nach.

Aber auch sie hatte eine Aussteuer und ihren Bräutigam. Der junge Wilhelm Halberstam war 1866 in Leipzig geboren. Es war die Zeit, in der Otto von Bismarck, der „Eiserne Kanzler", siegreiche Kriege gegen Dänemark, Österreich und Frankreich führte, um schließlich den Traum eines vereinten Deutschlands Wirklichkeit werden zu lassen. Es war auch eine Zeit starker patriotischer Gefühle, die ihren Höhepunkt 1871 in der Krönung Wilhelm I. von Preußen zum deutschen Kaiser fanden.

Die Halberstams waren stolz, Deutsche zu sein. Ihre Vorfahren waren Ende des 18. Jahrhunderts aus Polen eingewandert, als die dortigen Judenverfolgungen die jüdischen Gemeinden zerstört und zerstreut hatten. Sie fieberten aus ganzem Herzen mit den deutschen Siegen, wobei sie weiter ihrem jüdischen Glauben treu blieben.

Wilhelm, ihr einziger Sohn, hochgewachsen und mit stolzem Gang, dem Vaterland zutiefst verbunden, absolvierte selbstverständlich seinen Militärdienst. Aufgrund seiner außergewöhnlichen Leistungen wurde ihm eine Offizierskarriere an der preußischen Militärakademie vorgeschlagen. Doch obwohl Wilhelm Halberstam klar war, dass dies eine durchaus seltene Ehre war, lehnte er ab, da sie zur Bedingung hatte, seiner Religion abtrünnig zu werden. In den Reihen der Offiziere des deutschen Kaiserreichs waren Juden nicht zugelassen.

Man schrieb das Jahr 1886.

*Am 5. Oktober 1870 (10.
Tischri 5631), während des
Deutsch-Französischen Krie-
ges, begehen der Militärrab-
biner und jüdische Soldaten
in der deutschen Armee Jom
Kippur.
© Wikicommons, The Feucht-
wanger Collection, Israel-
Museum, Jerusalem.*

*Eugenie Hepner geb. Cohn, geb.
1857, ermordet 1943, und Siegfried
Hepner, geb. 1843, verstorben 1916*

| Die **Hepner-Cohns**

Im Jahre 1878 heirateten in Görlitz Siegfried Hepner und Eugenie Cohn. Der Bräutigam, 1843 in Schrimm geboren, beschnitten wie jedes männliche Kind einer jüdischen Familie, erscheint auf seinem Geburtsschein als „Salomon", ein Name, den er am Tage seiner Hochzeit bereits in „Siegfried", gleich dem Helden aus der germanischen Mythologie, verändert hatte.

Siegfried Hepner war eine energische Persönlichkeit, modern und kämpferisch, seine Ideen glichen sich dem deutschen Zeitgeist an. In seiner Laufbahn als Journalist und Verleger gründete er die berühmte *Berliner Illustrierte Zeitung*, eine der ersten Wochenzeitungen, die ihre Reportagen durch beigefügte Fotografien dem Publikum noch zugänglicher machte. Die Zeitung überdauerte seinen Gründer, der 1916 starb, um viele Jahre: Noch zu Beginn des Zweiten Weltkriegs war sie an den Zeitungsständen im ganzen Land zu finden.

Eugenie Cohn, 17 Jahre jünger als ihr Mann, war die Tochter von Joseph Cohn, dem Eigentümer einer großen Gießerei, bekannt durch die großartigen Eisentüren, die unter den Händen der Sträflinge im Gefängnis von Rawitsch entstanden. Hieran lässt sich erkennen, dass unser Urgroßvater schon damals eine soziale Einstellung bewies, indem er Werkstätten für Gefangene organisierte, wie sie heute in Gefängnissen auf der ganzen Welt als Hilfe zur Resozialisierung zu finden sind.

Eugenie, weit entfernt von den traurigen Arbeitsplätzen ihres Vaters, war damit beschäftigt, elegant, gutgelaunt und fein zu sein. Eine schöne Frau, dazu berufen, einem aktiven Mann im öffentlichen Leben zur Seite zu stehen, teilte sie mit Siegfried Hepner den Wunsch, eine Familie und ein Heim mit hohem kulturellem Niveau zu gründen. Dieses Heim wurde die Kinderstube der Kinder Heinrich und Joseph.

Der Erste dieser beiden, 1885 geboren, ist derjenige, der uns heute interessiert. Von seinen Eltern angehimmelt, sensibel und mit tiefblauen Augen war Heinrich vom ersten Tag seiner Schulzeit an ein außergewöhnlicher Schüler. Der Umzug der Hepner-Cohns von Schlesien nach Berlin brachte es mit sich, dass Heinrich im berühmten humanistischen Prinz-Heinrich-Gymnasium in Schöneberg eingeschult wurde, wo er bis zum letzten Schultag der beste Schüler seiner Klasse war.

Am Abgangstag rief ihn der Direktor des Gymnasiums zu sich. In einer kurzen Ansprache gratulierte er Heinrich zu den erreichten Noten und sprach ihm seine Bewunderung aus. Er erklärte ihm auch, dass er ihm leider nicht die verdiente Prämie werde überreichen können, da er jüdischer Abstammung sei. Für Heinrich Hepner waren Prämien keine Ziele. Mit der ihm eigenen Bescheidenheit – die ihn sein Leben lang charakterisierte – wurde er an jenem Tag als Zweitbester seiner Klasse aufgerufen.

Es war das Jahr 1904.

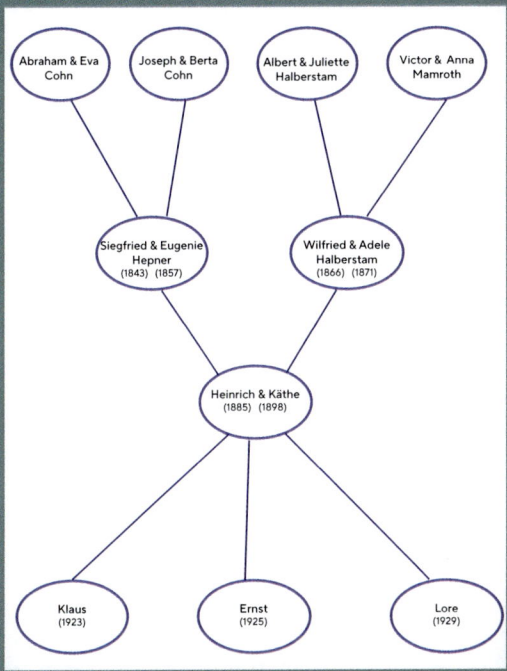

Panamakanal, 1915

Das letzte Jahrzehnt des 19. Jahrhunderts und das erste des 20. Jahrhunderts – später markiert durch Kriege, Verfolgungen und Hass – waren für Westeuropa Jahre großer wissenschaftlicher und kultureller Fortschritte, Jahre des Aufbaus und der Hoffnung auf eine bessere Zukunft.

Henry Ford erfand das System des Fließbands für die Industrie, die Curies entdeckten das Radium, Rodin erschuf seine schönsten Skulpturen, die Vereinigten Staaten vollendeten den Bau des Panamakanals; ab 1901 regten die Nobelpreise zu immer neuen Anstrengungen auf allen Gebieten der Intelligenz an. Zur gleichen Zeit gab die industrielle Revolution den unterdrückten und dominierten Massen Stimme und Wahlrecht.

Die letzten Jahre des 19. Jahrhunderts waren auch Zeugen der schamvollen Dreyfus-Affäre, als Alfred Dreyfus, Kapitän im französischen Heer, des Hochverrats beschuldigt und 1894 zur Verbannung auf die Teufelsinsel verurteilt wurde. Im Jahre 1898, nach dem Aufruf *J'accuse* des Schriftstellers Émile Zola, wurde der Prozess wieder aufgenommen und eine widerliche antisemitische Intrige in den Reihen des französischen Heers vor den ungläubigen Augen ganz Europas aufgedeckt. Dieser Prozess, der 1906 mit der Befreiung von Dreyfus und der Zurückerstattung seiner Rechte endete, wurde ausschlaggebend für die Geschichte Frankreichs und noch viel mehr für die des jüdischen Volkes.

Theodor Herzl, ein jüdischer Österreicher, Anwalt und Schriftsteller, hatte in den Pariser Straßen den Chor der antisemitischen Hassrufe gegen Dreyfus vernommen. Herzl hatte bis dahin den Leiden seines Volkes nicht besonders nahe gestanden, doch verstand er in diesem Moment die Notwendigkeit eines neuen Erwachens der immer wieder Verfolgten, die Wichtigkeit einer bewussten Identität. Diese sei nur möglich, so überlegte er, wenn das jüdische Volk sich vereinige und zur Emanzipation entschlossen sei. Statt immer nur die Geduldeten zu sein, sollten sie Bürger ihres eigenen, unabhängigen Staates in Palästina werden, historisch das „Gelobte Land".

Herzl wurde Echo und Stimme diverser und ähnlicher Bewegungen, die da besonderen Zulauf hatten, wo sich der Antisemitismus immer deutlicher zeigte, in Ländern wie Polen, Russland, Deutschland etc. 1897 lud Herzl zum ersten Zionisten-Kongress nach Basel ein. Diese Zusammenkunft wurde zum Ausgangspunkt eines langen Kampfes, bis ein halbes Jahrhundert später, 1948, der Staat Israel seine Unabhängigkeit erklären konnte.

„Wenn ihr es wollt, wird es kein Traum bleiben!", so lauteten Herzls Worte, bevor er im Jahre 1904 starb.

Alfred Dreyfus

Émile Zola

Theodor Herzl

Marie und Pierre Curie

Heinrich Hepner, Lores Vater

| Heinrich **Hepner**

1905 schrieb sich Heinrich Hepner an der Universität Freiburg für sein Rechtsstudium ein, das er später in Heidelberg beendete. Sein Studentenleben war vergnügt, er schloss Freundschaften, die über Jahrzehnte in die Zukunft reichten, die Ferien verbrachte er bei seinen Eltern und war mit seinem Leben zufrieden.

1911 reichte er seine Abschlussarbeit *Der Bote ohne Ermächtigung* ein, legte sein Staatsexamen mit Auszeichnung ab und beschloss sein Studium als Assessor in Zivilrecht, um ein Jahr später seinen Doktor der Rechte zu machen. Schon als Assessor hatte Heinrich für das bekannte Berliner Rechtsanwaltsbüro des Justizrats Dr. Eugen Fuchs gearbeitet, der Vorsitzender des Centralvereins deutscher Staatsbürger jüdischen Glaubens war. 1912 nahm Fuchs ihn als Sozius auf und machte ihn damit im Alter von 27 Jahren zum jüngsten Rechtsanwalt, der am Kammergericht von Berlin zugelassen war.

Es war dasselbe Jahr, in dem die Sozialdemokratie zum ersten Mal als stärkste Partei aus den Wahlen hervorging, auch wenn sie im Parlament keine Mehrheit hatte. Der Staat war weiterhin eine Monarchie, während am Himmel der internationalen Beziehungen langsam dunkle Wolken aufzogen.

Käthe Halberstam und ihr Mann
Heinrich Hepner, die Eltern von
Lore, im chilenischen Exil in den
1940er-Jahren

| Käthe **Halberstam**

Wilhelm Halberstam und Adele Mamroth hatten 1898 geheiratet. Wilhelm leitete erfolgreich sein Unternehmen, in dem er industrielle Öle und Treibriemen fabrizierte und verkaufte. Er war ein wohlhabender Mann, der seine Familie in einer glücklichen Zeit für die Menschheit gegründet hatte.

Bald wurde Käthe geboren, ein schwächliches Siebenmonatskind, deren Kampf ums Leben durch die dauernde liebevolle mütterliche Pflege und die Anstellung einer Amme gewonnen wurde. Durch eine ausgerenkte Hüfte konnte Käthe erst mit drei Jahren laufen lernen, und da ihr ihre Gesundheit weiterhin zu schaffen machte, wurde ihr erst mit sieben Jahren erlaubt, an systematischen Lehrstunden teilzunehmen. Sie und ihr jüngerer Bruder Albert lernten das ABC, Addieren und Dividieren in einer Gruppe von sechs Kindern, die einen Privatlehrer hatte, der ihnen abwechselnd in den verschiedenen Häusern seiner Schüler Stunden erteilte.

Als Käthe, verhätschelt und vergöttert, elf Jahre alt wurde, kam sie an die höhere Mädchenschule „Auguste Viktoria" in Berlin-Steglitz, von der sie im Jahr 1916 abging. Sie gehörte zu der Generation, deren Jugend durch den Ersten Weltkrieg geprägt war. Trotzdem war das Leben der Halberstam-Kinder ruhig und behütet verlaufen.

Die Sommer im Bergort Pontresina in der Schweiz und die weißen Weihnachten im Haus der Familie Mamroth in Breslau waren Teil eines sorglosen Lebens, zu dem auch die englischen und französischen Hauslehrerinnen ihren Beitrag leisteten. Gleichzeitig ertrugen Albert und Käthe geduldig zunächst Klavierstunden und später Tanzstunden im Salon von Madame Marignac.

Während der Krieg an entfernten Fronten donnerte, wurde Käthe, nachdem sie die Oberschule beendet und verlassen hatte, in ein Mädchenpensionat nach Eisenach geschickt, um ihr Französisch zu vervollständigen und die Geheimnisse der Kochkunst zu erlernen. Zu jener Zeit hielt man einen solchen Aufenthalt für unumgänglich für jedes junge Mädchen, das daran dachte, einmal zu heiraten und Mutter zu werden. Das Abenteuer in Eisenach war aber nur von kurzer Dauer, da es einerseits den französischen Lehrerinnen – durch die kriegsbedingte Feindschaft mit den französischen Nachbarn – nicht erlaubt war, auf der Straße den Mund aufzumachen und andererseits die Küchenrezepte durch das Fehlen der nötigen Zutaten kaum über Bratkartoffeln hinausgehen konnten.

Nach diesem kurzen Intermezzo kehrte Käthe nach Hause zurück und entschloss sich, eine Lehre im Fach Chemie zu machen. Diese beendete sie 1919 mit dem Titel „Chemische Laborantin" und bekam sofort eine Anstellung in der Qualitätskontrolle bei „Mampe", der bekannten Berliner Likörfabrik.

Likör der Firma „Mampe" aus dem 19. Jh.

Eisenach um 1900

Pontresina um 1900

Nationale des Buchinhabers.

1. Vor- und Familienname
   Heinrich Martin Hepner

   Geboren am *31ten Oktober* 18*75*
   zu *Görlitz*

   Verwaltungsbezirk ″
   Bundesstaat *Preußen*

2. Stand oder Gewerbe: *Rechtsanwalt*

3. Religion: *jüd.*

4. Ob verheiratet: *nein*
   Kinder: ―.―

5. Datum und Art des Diensteintritts:
   Am *16ten Mai* 191*7*
   als *Landsturmpfl.*

6. Bei welchem Truppenteil (unter Angabe der
   Kompagnie, Eskadron, Batterie):

   Kriegsministerium.
   Zentral-Nachweise-Büreau.

*Militärpass des Rechtsanwalts
Heinrich Hepner, Lores Vater,
vom 16. Mai 1917, ausgestellt vom
deutschen Kriegsministerium*

| **Deutschland** nach dem Ersten Weltkrieg

Nach der Niederlage im Ersten Weltkrieg erlebten die Menschen in Deutschland ein trauriges Erwachen. Kaiser Wilhelm II., der im August 1914 der Menschenmenge, die ihm in Berlin Unter den Linden zujubelte, noch hoch zu Ross versprochen hatte, in Kürze triumphierend zurückzukehren, war nach Holland geflohen, nachdem er abgedankt und seine Krone niedergelegt hatte.

Die Regierung der neuen Weimarer Republik, die im August 1919 entstanden war und vom Sozialisten Friedrich Ebert präsidiert wurde, versuchte die unsichere Situation auf einen guten Stand zu bringen. Zwei Millionen Männer waren im Krieg gefallen, eine Million Soldaten waren vom Feind gefangen genommen worden oder verschollen, vier Millionen waren aus den Schützengraben schwer verwundet oder psychisch erkrankt als Invaliden zurückgekehrt und erwarteten, Arbeit zu finden. Die Wirtschaft stand auf schwachem Fuß durch die hohen Abgaben, die Deutschland den Siegern laut dem Friedensabkommen von Versailles zu zahlen hatte. All dies verursachte in Deutschland eine haltlos galoppierende Inflation, die mitleidslos eine arbeitsfreudige Mittelklasse um ihre jahrelang gesammelten Ersparnisse brachte. Diese lösten sich von heute auf morgen in Dunst auf, ebenso wie die Fundamente von Millionen von Arbeitsplätzen und die letzten Goldreserven in den Kassen des Staates.

*Die Synagoge in der Fasanenstraße
in Berlin vor 1939*

| Die **Hepner-Halberstams**

Der Rechtsanwalt Heinrich Hepner und die Chemielaborantin Käthe Halberstam lernten sich am 7. November 1920 kennen und heirateten am 10. Mai 1921 am Altar der großen Synagoge Fasanenstraße in Berlin. Heinrich hatte während des Krieges seinen Dienst für das Vaterland im Kriegsministerium erfüllt, wo er als Verbindungsbeamter zwischen dem Internationalen Roten Kreuz und den Truppen an der Front gearbeitet hatte. Er war bereits ein angesehener Rechtsanwalt, dessen professionelle Zukunft gesichert war. Käthe gab nach der Hochzeit ihre Arbeit im Laboratorium auf, um sich ganz ihren häuslichen Aufgaben zu widmen, zu denen nach zweijähriger Ehe ihr Sohn Klaus hinzukam, der sie voll in Anspruch nahm.

Weit von alledem, in München, hetzte ein Österreicher, Korporal des vergangenen Krieges, ein hasserfüllter und frustrierter Mann, der glaubte, zu einer höheren Aufgabe erwählt zu sein. Adolf Hitler hypnotisierte die Massen mit Versprechen an den eben geschlagenen Staat, dessen Ausdehnung über die ganze Welt er bereits vor sich sah. Er verbreitete seine Rassentheorie für ein Deutschland frei von Kommunisten, Juden, Zigeunern und anderen Gruppen, die sein Hass verfluchte, deren Anwesenheit auf deutschem Boden – laut seiner höchst eigenen Wissenschaft – es unmöglich mache, Deutschland in ein sauberes, ethnisch freies und „arisches" Land zu verwandeln. Der Misserfolg seines „Putsches" brachte ihm eine Gefängnisstrafe ein, lange genug, um ihm Zeit zu geben, sein berühmtes Buch *Mein Kampf* zu schreiben, in dem er seine Pseudophilosophie und seinen irrsinnigen Zukunftsplan bekannt machte.

Man schrieb das Jahr 1923.

Kapp-Putsch Berlin, 1920

Auf dem Balkon in der Ruhlaerstr. 15–16 in Berlin, wo die Familie bis zur Flucht wohnte. Von links nach rechts: Lores Bruder Ernst, die Mutter Käthe, geborene Halberstam, neben ihr die Großmutter Eugenie Hepner, geb. Cohn, dann der Bruder Klaus, die kleine Lore und die geliebte Köchin, Matilde Frederich, kurz Tilla genannt

| Von der Nachkriegszeit zum Terror
des Nationalsozialismus

Die Familie Hepner vergrößerte sich. 1925 kam der zweite Sohn, Ernst, zur Welt und 1929, im Jahr der großen Finanzkrise, folgte ihm Lore, um das Trio zu vervollständigen. Nachdem die Wohnungsprobleme Berlins nach dem Krieg überstanden waren, zog die Familie aus der Fasanenstraße im Zentrum der Stadt in die Ruhlaerstraße in Schmargendorf, eine wunderschöne Gegend in der Nähe des Grunewalds.

Doch die historischen Vorgänge sind nicht aufzuhalten und jeder Einzelne ist, wenn auch unfreiwillig, an sie gebunden.

Die Regierung der Weimarer Republik stand vor unzähligen schwierigen und extremen Situationen. In einem Staat ohne Erfahrung in demokratischer Tradition war es ihr unmöglich, die ideellen Prinzipien ihrer Reichsverfassung von 1919 durchzusetzen. Die schlechte wirtschaftliche Lage auf der ganzen Welt, die große Arbeitslosigkeit und der Unwillen der verschiedenen politischen Parteien zum gemeinsamen Handeln führten dazu, dass die Nationalsozialisten, die Partei des irren Münchner Predigers, täglich mehr Zulauf bekamen.

Im Januar 1933 schließlich ernannte Reichspräsident Paul von Hindenburg Adolf Hitler zu seinem Reichskanzler, der sich selbst ein Jahr später, nach dem Tod Hindenburgs, zum „Führer des Staates" machte. Zu dieser Zeit waren bereits alle politischen Parteien verboten worden, mit Ausnahme der Nationalsozialisten. Es gab schon sämtliche Hassorganisationen: die „Braunhemden", die „Schwarzhemden", die Geheimpolizei „Gestapo", die „Hitlerjugend", den „Bund Deutscher Mädchen", alle unter dem Motto: „Der Mensch existiert für den Staat und für die ethnische Reinheit des deutschen Blutes."

Die Einführung der „Nürnberger Gesetze" im Jahre 1935 machte das Ziel klar, die Juden aus dem Leben der deutschen Bürger definitiv zu entfernen. Bei der Verbrennung von Büchern, Straßenschlachten oder Ermordungen durch verschiedenste gewaltsame Banden waren die Nazis immer gesetzlich geschützt. Ab 1936 konnten jüdische Rechtsanwälte nur noch für Kunden ihrer eigenen „Rasse" arbeiten.

Im gleichen Jahr mussten die drei Hepner-Kinder ihre Schulen verlassen und wurden in der jüdischen „Dr. Leonore Goldschmidt Schule" im Grunewald angemeldet, die von der Pädagogin Dr. Leonore Goldschmidt gegründet worden war, um das Problem der Diskriminierung jüdischer Kinder während des Schulbesuchs zu lösen. Lore war vorher in die 14. Volksschule gegangen, aus der sie rausgeworfen wurde, nachdem sie bei einem Aufmarsch den rechten Arm nicht lange genug hatte hochhalten können und stattdessen den linken erhoben hatte. Außerdem hatte sie vorher schon in einem Aufsatz über das Sterbezimmer Horst Wessels geschrieben: „Über dem Bett ‚henkt' das Bild des Führers." Das war zu viel gewesen, und sie wechselte mit Begeisterung in die jüdische Privatschule am Hohenzollerndamm. Das Abschlusszeugnis dieser Schule berechtigte zum Studium an den meisten englischsprachigen Universitäten. Diese unvergessliche Schule, deren Lehrer von den besten Schulen und Universitäten Deutschlands auf die Straße gesetzt worden waren und die zu einer wahren Oase für die Kinder wurde, existierte bis 1939, als sie auf Befehl der Nazis schließen musste.

Es begannen die Zweifel.

Gute Freunde emigrierten in die Vereinigten Staaten, nach England, nach Palästina, verließen Beruf, Familie und Güter; hofften darauf, ihr Leben in fernen Ländern neu aufzubauen. Brachen alle Brücken hinter sich ab. Heinrich Hepner verlor jedoch nicht die Hoffnung. Das, was hier geschah, konnte nur ein Albtraum sein. Er glaubte, dass das deutsche Volk seine guten Eigenschaften nicht verlieren würde.

Dann kam der 10. November 1938. Große Flammen steigen zum Himmel herauf. In der Nähe unserer Wohnung brennt die Synagoge, die jüdischen Geschäfte sind bereits zertrümmert, geplündert, ihre zerbrochenen Fensterscheiben liegen auf der Straße. Das Datum geht als „Reichskristallnacht" für immer in die Geschichte ein.

In der Schule … herrscht Chaos. Die Lehrer sind bereits von der Gestapo festgenommen, wie alle anderen jüdischen Männer über 18 Jahre. So auch Dr. jur. Heinrich Hepner, der aus seinem Büro abgeführt wurde. Seine entsetzte Sekretärin, Lucie Zacharias, konnte gerade noch ein paar trockene Kekse in seine Manteltaschen stecken.

Heute und immer: Herzlichen Dank,
Fräulein Zacharias!

Seine Festnahme im Zentrum der Stadt hinderte die SA aber nicht daran, Heinrich Hepner am Nachmittag auch in seiner Wohnung in Schmargendorf zu suchen, wo nur das älteste und das jüngste Familienmitglied zu Hause waren.
Heftiges Klopfen an der Tür ließ die Wände erzittern. „Aufmachen!", dröhnte es von draußen. Die 80-jährige Eugenie Hepner öffnet ängstlich die Tür, zwei braun gekleidete Riesen stoßen sie beiseite und bellen den Namen des Hausherrn. Die alte Frau geht zur Seite und läuft mit kurzen unsicheren Schritten den Uniformierten hinterher. Die ganze Wohnung wird durchsucht.
Eugenie weint leise und ihr stockt der Atem, an ihrem Rock hängt die Enkelin, sie laufen durch die Wohnung in eiskalter Stille, bis die Großmutter sagt: „Heinrich ist nicht hier. Sie kennen ihn nicht, er hat niemandem etwas zuleide getan." Türen werden auf und zugemacht. Der lange Gang zu den Zimmern der Kinder wird in aller Eile durchlaufen. Die Stiefel der Männer lärmen durch die Wohnung. Endlich knallt die Tür zu.

Nach den Novemberprogromen 1938
zerstörte jüdische Geschäfte

Großmutter und Enkelin umarmen sich und weinen untröstlich.

Jener Tag markierte das Ende einer Ära für die Hepner-Halberstams, wie auch für alle anderen Deutschen jüdischen Glaubens. Ihre Illusion, „deutsche Bürger" genau wie alle anderen zu sein, hatte sich als trügerisch erwiesen. Die Männer waren verschleppt, die Tempel verbrannt, die Geschäfte zerstört. All dies zeigte die nackte Wahrheit: Sie waren keine Deutschen mehr. Jetzt waren sie nur noch Juden. „Scheißjuden" für die Nachbarn von gegenüber, die sie gestern noch für Freunde hielten, für die Kollegen, die Kriegskameraden. Jetzt waren sie *personae non gratae*, in einem Land, das sie für ihre Heimat gehalten hatten.

Nie wieder würde die Familie sonntags im Haus der Großeltern Halberstam zusammentreffen, wo die Kinder Theaterstücke aufführten, die sie sich selbst ausgedacht hatten.

Nie wieder würden sie alle zusammen vor dem großen weißen Kachelofen sitzen, beschützt von der Liebe der Älteren.

Nie wieder würde Heinrich Hepner am Rand der Havel entlangspazieren oder mit seinem Stock Figuren in den Sand am Wannseestrand zeichnen, nie wieder würde er seine Kinder zu Paddelbootausflügen in der Berliner Frühlingssonne einladen.

Nie wieder würden Klaus und Ernst den Schlitten ziehen, auf dem sie ihre kleine Schwester zum Schlittschuhlaufen mitnahmen.

Häftlinge im KZ Sachsenhausen 1938

Das KZ Sachsenhausen,
ein sogenanntes „Schutzhaftlager"

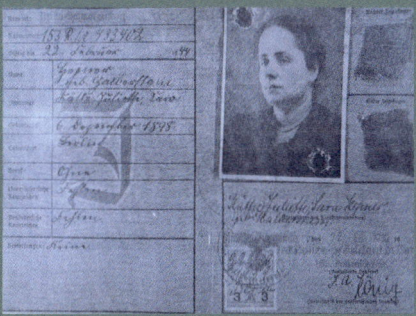

Kennkarte von Käthe Hepner,
links mittig das J für Jude

Ungetrübte Freude ... nie wieder.

Sechs lange Wochen war Heinrich Hepner im KZ Sachsenhausen. In der Zwischenzeit gelang es Käthe mithilfe von Empfehlungen und unendlich vielen Bestechungen, im kubanischen Konsulat ein Visum für die ganze Familie zu erlangen, zur Niederlassung in jenem karibischen Land. Ein Visum, das das Verlassen Deutschlands garantierte, war die Bedingung zur Entlassung meines Vaters aus dem KZ gewesen. So kam es, dass unser Vater zwei Tage vor Weihnachten − Fest der Liebe und des Friedens − wieder nach Hause kam.

Mit 53 Jahren war Heinrich Hepner ein alter Mann geworden: körperlicher Gewalt ausgesetzt, psychisch verletzt, seiner Würde beraubt, ohne Beruf, stummer Zeuge der Auflösung eines Rechtsstaates, dem er mit ganzem Herzen gedient hatte. Niemals hat er davon gesprochen, aber die Melancholie und Traurigkeit in seinen Augen haben ihn bis zu seinem Tod nicht mehr verlassen.

Es war das Jahr 1938.

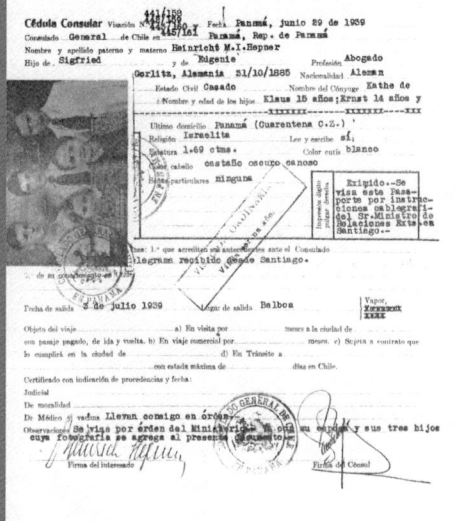

Cédula Consular Visación ~~~~~ y Fecha Panamá, junio 29 de 1959
Consulado General de Chile en Panamá, Rep. de Panamá
Nombre y apellido paterno y materno Heinricht M.I.Hepner
Hijo de Sigfried y de Eugenie Profesión Abogado
Gorlitz, Alemania 31/10/1885 Nacionalidad Alemán
Estado Civil Casado Nombre del Cónyuge Kathe de
Nombre y edad de los hijos Klaus 15 años;Ernst 14 años y
xxxxxxx--------xxx
Ultimo domicilio Panamá (Cuarentena C.Z.)
Religión Israelita Lee y escribe sí.
Estatura 1.69 cms. Color cutis blanco
Color cabello castaño oscuro canoso
Señas particulares ninguna

Exigido.-Se visa este Pasaporte por instrucciones cablegrafiadas del Sr.Ministro de Relaciones Exteriores en Santiago.--

Base: 1° que acreditan su antecedentes ante el Consulado
...llegram recibido desde Santiago.

Fecha de salida 3 de julio 1939 Lugar de salida Balboa Vapor, xxxxxxxx xxxx

Objeto del viaje a) En visita por meses a la ciudad de
con pasaje pagado, de ida y vuelta. b) En viaje comercial por meses. c) Según a contrato que
lo cumpliré en la ciudad de d) En Tránsito a
con estada máxima de días en Chile.
Certificado con indicación de procedencia y fecha:
Judicial
De moralidad
De Médico si vacuna llevan comigo en órden
Observaciones Se visa por órden del Ministerio R.Ext. su esposa y sus tres hijos
cuya fotografía se agrega al presente documento.-

Firma del interesado   _Firma del Cónsul_

Cédula Consular con Visación Chilena otorgada al grupo familiar
Hepner-Halberstam, en Panamá, a 29 de Junio de 1939.

Visum für Chile

Auf Kindertransporte schickten Eltern ihre Kinder, wenn es keine Möglichkeit der gemeinsamen Flucht gab. Die Kinder fuhren ohne ihre Eltern ins Ausland und wurden von fremden Familien in Holland oder England aufgenommen. Häufig war es ein Abschied für immer, die Eltern überlebten fast nie.

| Die **Odyssee**

Am 7. Februar 1939 fuhren meine Brüder und ich mit einem Kindertransport nach Holland ab. Dort waren die Großeltern Halberstam, die – weit weg von den nazistischen Gräueltaten – in Amsterdam, im Hause ihres Sohnes Albert, Asyl gesucht hatten.

Klaus, Ernst und ich wurden für zehn Wochen in Rotterdam untergebracht, in einem speziell eingerichteten Lager für die vielen Kindertransporte, die täglich hunderte fliehende Kinder vor den Nazis in Sicherheit brachten.

Ende April war Heinrichs Gesundheit so weit wiederhergestellt, um sich mit seinen Kindern in Holland zu treffen und die lange Reise zur Suche nach einer neuen Heimat anzutreten.

Abschied von den Großeltern:

„Bis in die Unendlichkeit!"

Reise nach Dover, nach London, nach Liverpool. Liverpool, 10. Mai 1939, Hochzeitstag unserer Eltern. Uns war nicht groß nach Feiern zumute, aber mein Vater bestand auf einem Gläschen Wein: „Wir müssen doch auf unsere 18 Jahre glücklicher Ehe anstoßen und darauf, dass wir wieder alle zusammen sind, und vor allen Dingen auf die Zukunft!!!"

Allerdings mussten wir feststellen, dass wir in einem Hotel der Abstinenzbewegung abgestiegen waren. Trotzdem war eine der Kellnerinnen gewillt, draußen eine Flasche Wein zu kaufen. Nun brauchtn wir einen Korkenzieher, den es ebenfalls nicht gab, aber plötzlich erinnerte sich mein Vater daran, dass er ein Taschenmesser mit der notwendigen Spirale im Koffer hatte.

Und so kam es, dass wir am letzten Tag in Europa auf die Zukunft anstießen.

In Liverpool bestiegen wir die *Orduña* der englischen Pacific Steam Navigation Company, kurz PSNC. Durch die Eile, die unsere Abfahrt erfordert hatte, hatte mein Vater Passagen erster Klasse nehmen müssen, mit luxuriösen Kabinen, Menüs *à la carte* im Speisesaal des Kapitäns, Spielen auf Deck, Musik und Festen. Dabei sah ich meine Eltern zum ersten Mal tanzen. Ich wurde nicht müde, sie zu beobachten, aber es stimmte mich traurig, sie in dieser eigenartigen Situation zu sehen, ihre ernsten Gesichter mit ihrem melancholischen Ausdruck im Kontrast zum fröhlich-beschwingten Rhythmus der Walzer von Strauß.

In den unteren Teilen des Schiffes befanden sich zahlreiche Familien, die von den Matrosen als „Emigranten" bezeichnet wurden. Wir konnten sie nur von weitem sehen, denn sie hatten keine bequemen Strandsessel, die sie an Deck stellen konnten, um sich zu sonnen, auch kein so schönes Schwimmbad wie wir, und keiner von ihnen nahm an unseren Spielen oder Festen teil. Unsere Reise war für mich ein herrliches und sonniges Erlebnis.

Die Orduña

Am letzten Tag des Monats Mai legte die *Orduña* im Hafen von Havanna, Kuba, an. In unserer Kabine standen die Koffer bereit, um ausgeladen zu werden. Letztes Frühstück an Bord. Abschied von den vielen Freunden, die wir während der Reise kennengelernt hatten, von den Kellnern und von den freundlichen Matrosen, mit denen wir unser schüchternes Englisch geübt hatten.

Es war unglaublich heiß, während wir die Bewegungen im Hafen beobachteten. Ernste Beamte kamen an Bord und verschwanden wieder. Altmodische Autos und unzählige Fahrräder fuhren eine scheinbar endlose Allee entlang, deren enorme Palmen sich im Wind wiegten und uns ein wenig Erfrischung spendeten, während wir darauf warteten, aufgerufen zu werden, um an Land zu gehen.

Die Stunden zogen dahin. Schreie, Schluchzen, Gesichter mit ungläubigem Ausdruck. Die Sonne ging unter und wir waren noch immer an Bord. Die Regierung in Kuba war nicht mehr dieselbe des Konsuls, der Monate vorher in Berlin Geschäfte mit der Verzweiflung gemacht hatte. Die jetzige Regierung erkannte die Visa in unseren Pässen nicht an. Schon am Tag zuvor waren die Passagiere des Dampfers *St. Louis* nicht hereingelassen worden und befanden sich bereits auf der Rückreise nach Frankreich.

Langsam löste sich die *Orduña* vom Pier in Havanna und nahm ihren Kurs weiter Richtung Süden.

Da er seine Passagiere nicht in Kuba lassen konnte, hatte der Kapitän beschlossen, diese weiter mit nach

937 jüdische Deutsche bestiegen 1939 in
Hamburg mit gültigen Papieren die St. Louis
mit Ziel Kuba.

Die Irrfahrt der St. Louis. Das Schiff bekam
nirgends Landeerlaubnis und kehrte nach
Europa zurück. Die Passagiere wurden auf
verschiedene Länder verteilt. 254 von ihnen
wurden im Holocaust ermordet.

Valparaíso in Chile zu nehmen, um sie danach wieder nach Europa zurück zu transportieren.

Wir gingen in unsere Kabine zurück und machten die Koffer wieder auf. Während ich mich in meinem oberen Bett zum Schlafen bereit machte, hörte ich die erschöpfte Stimme meines Vaters: „Sollte man uns nach Deutschland zurückbringen, bleibt mir nur eine Alternative, dann werfe ich mich ins Meer."

Von nun an änderte sich unser Leben auf dem Schiff. Auch wir waren jetzt „Emigranten", verfolgte Juden, Passagiere zweiter Klasse. Es gab keine Feste mehr für uns, keine Menüs *à la carte*, und die Verzweiflung der Erwachsenen schien auch uns Kindern den Sonnenschein zu verdecken.

Unser nächster Halt war Colón in Panama. Trotz allem war es lustig, die Bewegungen im Hafen zu beobachten, speziell die Verkäufer aller möglichen tropischen Früchte.

Hier sprachen viele Leute Englisch, so auch Dr. Witkin, der Rabbiner des nordamerikanischen Heers, der an Bord gekommen war, um sich persönlich nach uns zu erkundigen. Ich erinnere mich an sein braungebranntes Gesicht und sein warmes Lächeln, als er uns Kindern über die Haare strich. Nachdem er sich verabschiedet hatte, sah ich im Gesicht meiner Eltern ein Zeichen der Hoffnung.

Langsam verstrichen die Tage an Bord.

Wieder befanden wir uns in einem bewegten und lauten Hafen mit dunkelhäutigen Gesichtern, El Callao in Peru. Einige sehr elegante Familien stiegen hier aus und wurden von ebenso eleganten Menschen erwartet. Männer umarmten Männer, Frauen umarmten Frauen, und alle küssten sich immer wieder. Es schien uns eine unglaublich komische Szene. Mit regelrechten Lachanfällen beobachteten wir von oben an Deck, wie Freunde und Verwandte, Kinder und Erwachsene glücklich solch südliche Grüße verteilten, eine Gewohnheit, die unsere nördliche Mentalität nicht kannte.

Ebenso wenig kannten wir eine eigenartige Frucht, ähnlich einer Birne, die grün oder schwarz sein konnte und die uns unten vom Pier aus schreiende Verkäufer aus großen Körben anboten. Irgendjemand kaufte eine dieser Früchte und schälte sie, damit wir sie probieren konnten. Sie hatte einen wundervollen Geschmack und zerging auf der Zunge, war sanft wie eine leichte Paste und machte uns auf der Stelle zu ergebenen Palta-Essern. Palta nannten die Inkas die Avocado, und so wird sie auch heute noch in Peru genannt.

Nachdem die Peruaner nun an ihrem Ziel angekommen waren, fuhren wir weiter südwärts auf der Suche nach dem Unbekannten. Wir waren noch immer vor der Küste von Peru, als ein uns entgegenkommendes Schiff gemeldet wurde. Es war ein Schwesterschiff der PSNC mit dem Namen *Orbita*, das von Valparaíso kam und auf dem Weg nach England war. Die beiden Kapitäne vereinbarten, dass die Gruppe der Emigranten, die in Kuba nicht reingelassen worden war, von der *Orduña* auf die *Orbita* wechseln sollte, wodurch der PSNC die Ausgaben der langen Fahrt von 72 Personen nach Valparaíso und wieder zurück nach Europa erspart würden.

Eine breite Schaluppe[2] stellte sich an die Seite der *Orduña*, und schnell ließen wir uns an einer Strickleiter herunter, um dann in das leichte Boot zu fallen. Frauen, Männer, Kinder, dazwischen Koffer, Fahrräder, eine einsame Geige purzelten auf hoher See ungeordnet herunter. In der Nähe der peruanischen Hafenstadt Pisco nahm uns dann auf gleichem Wege, aber in umgekehrter Reihenfolge, die *Orbita* auf. Geige, Fahrräder, Koffer, Kinder, Männer und Frauen wurden hochgehievt und verschwanden im Bauch des anderen Schiffes.

Die *Orbita* und die *Orduña* tauschten Lichtsignale aus und setzten ihre Reise in entgegengesetzte Richtungen fort. Auf der *Orbita* befanden sich jetzt 72 unfreiwillige Passagiere, die nordwärts in einem Ozean von Fragezeichen schwammen.

Wieder legten wir in El Callao an, mit seinen Umarmungen und Paltas, zum zweiten Mal kreuzten wir den Äquator, und dann kam Colón mit dem freundlichen Rabbiner. Er hatte sein Versprechen gehalten und bei dem nordamerikanischen Heer, das zu der Zeit in Panama stationiert war, bewirkt, dass wir vorübergehend in Balboa, in einer Art Sanatorium, das nicht gebraucht wurde, bleiben konnten, bis jede

[2] Ein kleines, einem Kutter ähnelndes Segelboot mit einem Mast und einem Vorsegel, das oft als größeres Beiboot verwendet wird.

RMSP "ORBITA" (TRIPLE SCREW—15486 Tons) CABIN CLASS SERVICE to NEW YORK

Die Orbita

ROYAL MAIL
"The Comfort Route"

PASSENGER SERVICES
Europe / New York, Europe / South America, Europe / North Pacific Ports, Canada / West Indies, New York / Bermuda, etc.
PLEASURE CRUISES to
Norway, Northern Capitals, Mediterranean, West Indies, etc.

R.M.M.V. REINA DEL PACIFICO

REINA DEL PACIFICO

Die Reina de Pacifico

Familie schnellstens ein anderes Land finden würde, das gewillt war, sie aufzunehmen.

Heute und immer: Herzlichen Dank, Rabbiner Witkin!

Viele der Familien, die in unserer traurigen Gruppe waren, hatten sogenannte Quotennummern, um die Einreise in die Vereinigten Staaten zu beantragen. Auch wir hatten eine solche, doch um auf das Einreisevisum zu warten, würden mehrere Jahre vergehen.

Unsere bescheidenen Wohnungen in Balboa waren zweistöckige Holzkonstruktionen mit großen Fenstern, die mit dicken Netzen gegen Insekten geschützt waren. Das Ganze war ein enormer Park mit alten Bäumen und herrlichen Pflanzen, in dem Gazellen spielten und mit uns um die Wette rannten. Wir Kinder pflückten Mangos und Bananen von den Bäumen und lebten fern von den Sorgen unserer Eltern.

So verbrachten wir den Monat Juni.

Nach drei Wochen in jenem Paradies kam ein Telegramm, das unser Leben änderte und uns die Tür zur Zukunft öffnete.

„Die Familien Hepner und Simonsohn sollen sich beim chilenischen Konsulat in Panama melden, wo man ihnen bedingungslose Visa für die Aufnahme in Chile ausstellen wird." Unterschrieben von: José Ramón Gutierrez. Dieser Herr, einst chilenischer Außenminister, war bei unserer ersten Durchfahrt in Panama der

Orduña zugestiegen und hatte sich, da er Französisch sprach, mit Herrn Simonsohn und unserem Vater angefreundet, deren dramatische Situation ihm sehr zu Herzen gegangen war. Viele Jahre später erzählte er mir und meinen Brüdern, dass er unser Umsteigen von einem Schiff zum anderen damals beobachtet hatte und es eine solch hoffnungslose und dramatische Szene gewesen sei, dass er sie nicht vergessen konnte. In Santiago angekommen, sei er sofort zum Präsidenten Pedro Aguirre Cerda gegangen, um ihn zu bitten, die nötigen Visa für uns auszustellen, die unser Glück und Schicksal wurden.

Heute und immer: Herzlichen Dank,
Don José Ramon!

Am 3. Juli 1939 nahmen wir zum dritten Mal ein Schiff der PSNC, die *Reina del Pacífico*, das modernste dieser Linie. Zum dritten Mal in weniger als zwei Monaten fuhren wir durch den Panamakanal und ebenfalls zum dritten Mal kreuzten wir den Äquator. Zum zweiten und zum letzten Mal nahmen wir die Route nach Valparaíso, die uns nun zu unserem definitiven Ziel führte. Sechs Wochen nach unserer Ankunft brach in Europa der Zweite Weltkrieg aus.
Es war das Jahr 1939.

Die junge Lore in Chile

Valparaíso in den 1940er-Jahren:
Plaza Postal

| Unser **neues Leben in Chile**

Nachdem wir einen langen Tag in Valparaíso verbracht hatten, um unsere Sachen aus dem Zoll zu bekommen, und dort in einem schmutzigen alten Hotel schlafen mussten, konnten wir am nächsten Tag mit dem Zug weiter nach Santiago de Chile reisen. Mein Vater hatte am Hafen die Adresse einer Pension bekommen und so logierten wir in Santiago zuerst in der Pension Levi, die von Immigranten geführt wurde, die ebenfalls erst vor kurzem angekommen waren. Sie lag mitten in der Stadt, in einem altmodischen zweistöckigen Haus. Man klingelte unten an der Tür, dann wurde oben an einer langen Leine gezogen, die die Tür öffnete. Ich, zehnjährig, konnte diesem Spiel stundenlang zusehen. Die Gäste der Pension waren wie wir soeben angekommene Immigranten, die gegenseitig Neuigkeiten austauschten, sich Ratschläge gaben, die wie wir Wohnungen und Schulen für ihre Kinder suchten und besonders über Arbeitsmöglichkeiten sprachen.

Da wir zu fünft in einem Zimmer hausten, sah sich mein Vater nach einer anderen Pension um, die er dann im oberen Teil der Stadt fand, womit ich sagen will, den Bergen ein wenig näher, in einer viel schöneren Gegend, in der er auch meine Schule fand, die „St. Gabriel School". Sie schien ihm angebracht, da ich auf unseren verschiedenen englischen Schiffen eine Menge Englisch vom Personal gelernt hatte und somit anfangs weniger Schwierigkeiten haben würde. Es war eine winzige Schule, mit drei Klassen in einem Raum, und unsere einzige Lehrerin war die Direktorin und Inhaberin derselben.

Zeitgleich mit meinem Schuleintritt war ich in eine jüdische Jugendbewegung eingetreten, die sich „Kidma" nannte und für uns die Welt bedeutete. Ohne Freunde, ohne Sprache, löste sie für uns alle Probleme, mit herrlichen Ausflügen und Sommerlagern, denn die anderen Kinder waren auch von deutschen Einwanderern und sprachen, wie wir, nur Deutsch. Erst ab 1944, nachdem wir besser Spanisch konnten, freundeten wir uns auch mit Einheimischen an. Auch diese waren Kinder jüdischer Einwanderer, jedoch bereits in Chile geboren, denn nach den russischen und polnischen Pogromen Ende des 19. Jahrhunderts waren viele jüdische Familien nach Südamerika geflüchtet.

Inzwischen hatte mein älterer Bruder, Klaus, der 16 war, auf eine Empfehlung hin angefangen in einer Gießerei zu arbeiten, während Ernst, der 14 war, noch drei Monate zur Schule ging, um ein wenig von der spanischen Sprache aufzuschnappen. Dann fand er ebenfalls eine Stellung, und zwar in einem Büro, in dem er sechs Jahre arbeitete, bevor er in eine Bank eintrat, in der er sich im Laufe der Jahre zum Geschäftsführer hocharbeitete.

Mein Vater, der jahrelang in Berlin Anwalt am Kammergericht gewesen war, wusste, dass er es in einem fremden Land mit einer fremden Sprache mit seinen Gesetzbüchern schwer haben würde, und um noch einmal ein Studium zu beginnen, war er mit 54 Jahren zu alt. Es musste also etwas anderes gesucht werden, und bei dieser Suche wurden ihm zwei Brüder vorgestellt, ebenfalls Immigranten, die auch einen Lebensunterhalt brauchten und eine Empfehlung mitbrachten. Ein Cousin meiner Mutter, der in den Vereinigten Staaten lebte, hatte angeboten, meinen Vater in den ersten Jahren zu unterstützen, und so kam es, dass mein Vater und die Gebrüder Platek eine Firma gründeten, um Radios zu verkaufen. Dazu muss man wissen, dass Radios damals in Chile noch eine Neuheit waren.

Das Unternehmen wurde „Radiounion" genannt und die Arbeit entsprechend eingeteilt: Die Brüder Platek würden in den Norden und den Süden des Landes reisen und meinem Vater die entsprechenden „Letras"[3] oder auch Schecks überweisen, während sie eventuell eingenommenes Bargeld in Santiago, zusammen mit ihren Spesen, alle zwei bis drei Monate verrechnen mussten. Es wurde ein Büro gemietet und ein junger Mann angestellt, auch ein Immigrant, der das gute

[3] Letra war zu jener Zeit ein viel gebrauchtes Zahlungsinstrument: Der volle Betrag wurde in zehn oder zwölf „Letras" eingeteilt (ein Formular, das ähnlich wie ein Scheck aussah), die der Kunde unterschrieb und dann monatlich bezahlen musste. Für den Verkäufer bestand auch die Möglichkeit, die Letras seiner Bank mit einem kleinen Verlust zu verkaufen.

Funktionieren der Radios überprüfte und auch mögliche Reklamationen versah, fehlerhafte Radios in Ordnung brachte oder umtauschte, während mein Vater alle Bankangelegenheiten sowie den Import der Radios übernahm. Mit anderen Worten, es war für alles gesorgt. Anfang 1941 fingen sie an zu arbeiten.

Das erste Jahr der Firma Radiounion lief ohne größere Schwierigkeiten, die Plateks verkauften gut, trotz ihres schlechten Spanischs, oder vielleicht gerade deshalb. Die Kunden waren mit den Radios zufrieden und mein Vater blickte hoffnungsvoll in die Zukunft.

Inzwischen hatte auch meine Mutter angefangen zu arbeiten, und zwar ging sie vormittags zu Bekannten, die noch in Deutschland, in einem Umschulungskurs, ein spezielles System erlernt hatten, um auf einfarbigen Seidendeckchen mit einer speziellen, etwas öligen Substanz Figuren wie Blumen oder Ähnliches zu spritzen, die meine Mutter nachher mit Farbe ausmalte. Am Nachmittag blieb sie zu Hause, machte verschiedenste Marmeladen, je nach Jahreszeit, wie auch diverse Kuchen, die sie an interessierte Geschäfte verkaufte.

Das zweite Jahr der Radiounion war durch neuerdings aufgetauchte Konkurrenz – so glaubte mein Vater – schon weniger gut, und das dritte wurde eine Katastrophe, als gar keine Letras mehr eintrafen, von Schecks ganz zu schweigen, und die Abrechnungen der Plateks immer merkwürdiger wurden.

Im dritten Jahr wurde das Geschäft aufgelöst, der Me-

Santiago de Chile: Plaza Lyon

Lore Hepner im Alter von
20 Jahren in Chile

chaniker nach Hause geschickt, während mein Vater mit leeren Händen dastand. Nun musste für ihn eine Stellung gefunden werden, die er nach langem Suchen bei einem pharmazeutischen Laboratorium fand, wo man ihn mit dem offiziellen Mindestgehalt in der Buchhaltung aufnahm.

Die Jahre waren vergangen und ich war nicht mehr in der St. Gabriel School, in der ich zweifellos sehr gut Englisch, aber nicht ein Wort Spanisch gelernt hatte, woraufhin mein Vater mich in dem bekannten Liceo N° 1 einschulte. Dort verbrachte ich vier Jahre und lernte endlich die Sprache des Landes, doch nach dem Zusammenbruch der Radiounion erklärte mir mein Vater, dass nun auch ich arbeiten müsse. Drei Jahre hätten mir noch gefehlt, um die Schulausbildung vollständig abzuschließen. So begann ich nun mit 15 Jahren als Kindermädchen zu arbeiten.

Unsere Familie hatte die verschiedenen Pensionen während dieser Zeit aufgegeben, wir waren in ein sehr schönes Haus mit einem Garten gezogen, das wir mit dem Ende der Radiounion verlassen mussten. Wir zogen dann in ein weniger schönes Haus in einer ebenfalls weniger schönen Gegend, das meine Eltern später mit dem Geld der deutschen Entschädigung kaufen konnten. Das Ende der Radiounion hatte unser Leben verändert, und auf den Schultern meines Vaters lasteten die Schulden, die er meinem Onkel in den Vereinigten Staaten gegenüber hatte, schwer. Dieser hatte nach fünf Jahren aufgehört, uns Geld zu schicken, doch uns nie an die Schulden erinnert. Es sollte eine lange Zeit vergehen, bis es uns endlich gelang, diese abzubezahlen.

Noch ein Wort zu unseren verschiedenen Arbeitsplätzen. Meine erste Stellung, die ich mit 16 Jahren annahm, war bei einem Herrn, der in Chile herumfuhr und Armbanduhren verkaufte. Es war ein kleines, angenehmes Büro mit nur drei Angestellten, in dem wir Karteien und die Buchhaltung führten und Briefe an die Kunden schrieben. Den herumziehenden Inhaber habe ich im Jahr vielleicht zweimal gesehen. Wenn er auftauchte, brachte er uns Schokolade aus einer bekannten, von jüdischen Immigranten – der Familie Krauskopf – gegründeten und bis heute bestehenden Schokoladenfabrik aus dem Süden mit. Mein Chef, auch ein Immigrant, mit dem ich mich sehr gut verstand, teilte mir eines Tages mit, dass er und seine Frau für immer in die USA gehen würden und ich seinen Posten übernehmen könnte, oder aber den Posten seiner Frau, die bei dem Importeur der Uhren arbeitete, die wir dann verkauften. Flüsternd fügte er hinzu: „Er zahlt besser." Da gab es also nicht viel zu überlegen, ich wechselte zu jenem Importeur, selbstverständlich auch ein Immigrant, der zu meinem Vorteil nie Spanisch lernte und bei dem ich dann 18 Jahre blieb.

Inzwischen hatte sich mein Bruder Klaus mit zwei Freunden zusammengetan und ein Bauunternehmen ins Leben gerufen. Während seiner Arbeit bei anderen solcher Firmen hatte er am Abend studiert und war nun dabei, sich mit den Freunden selbständig zu machen. Im Laufe der Jahre haben sie viel erreicht und eine bekannte Firma aufgebaut, die nach Klaus' Tod jetzt sein Sohn leitet.

1954 habe ich einen in Chile sehr bekannten chilenischen Journalisten geheiratet. Er hieß Lisandro Arriagada und war um einiges älter als ich. Kennengelernt hatte ich ihn nach meiner Rückkehr aus den USA, wo ich ein Jahr lang meine Englischkenntnisse vertieft hatte. Zurück in Chile hatte ich mich an der Universität von Santiago in einen Sommerkurs eingeschrieben, den Lisandro in Journalismus gab.

Bis in die 1930er-Jahre hinein hatte in Chile jeder geschrieben, wie und wo er wollte, denn es gab keine wirkliche Ausbildung zum Journalisten. Dann schickte die Regierung Lisandro in die USA, um an der Columbia University modernen Journalismus zu studieren. Nach seiner Rückkehr taten sich die großen hiesigen Zeitungen zusammen, für die er dann in Sommerkursen Journalismus unterrichtete. Erst viel später entstand an einer Universität die erste Journalismus-Fakultät, an der er ebenfalls Kurse gab.

Ich habe zwei Kinder von ihm. Durch einen schweren Schlaganfall war unser Eheglück leider nur von kurzer Dauer. Mein Mann starb im Jahr 1972.

Ich selbst fing im Jahr 1964 an, bei der Schweizer Firma Geigy zu arbeiten, die später mit der Ciba fusionierte, zu Ciba-Geigy wurde, dann wieder Ciba, um letzten Endes in der Novartis aufzugehen, die heute nicht mehr existiert.

Collage historischer Dokumente und Fotos der Familie Hepner. Das Original ist leider in den 1980er-Jahren verloren gegangen.

Lore und ihr Mann Lisandro Arriagada mit den Kindern Lolinca und Lisandro

Zwischendurch, 1990, habe ich in einem Spezialprogramm, abends, auch die drei Schuljahre nachgeholt, die mir bis zum Abitur fehlten, weil ich nach meiner Pensionierung gerne Linguistik studiert hätte, wozu es aber nicht kam, weil wieder mal ein neuer Geschäftsführer seinen Antritt nahm und mich zu bleiben bat, und nach seinem vierjährigen Aufenthalt wäre es für solch ein Studium für mich zu spät gewesen.

Ich war bei all diesen Veränderungen bis 1998 als Prokuristin und Sekretärin des jeweiligen Geschäftsführers dabei und fand, dass ich nach 52 Jahren Arbeit in Pension gehen könnte. Aber Spaß hat es immer gemacht.

Nachdem meine Kinder verheiratet waren und nicht mehr bei mir im Haus lebten, bin ich viel gereist, was ich mir immer gewünscht hatte. Im Jahr 1986 wurden Herbert Louis und ich ein Paar. Er war Berliner wie ich, der bis dahin in den USA gelebt hatte, jedoch kannten wir uns von Kindheit an. Er war wie ich auch in die Goldschmidtschule gegangen und ein Klassenkamerad meines Bruders gewesen. Außerdem wohnten unsere Familien in Schmargendorf einander gegenüber. Er hatte mich schon als Baby im Kinderwagen gesehen! Von Beruf war er Maler, seine Bilder schmücken meine ganze Wohnung und die meiner Familie. Wir haben uns blendend verstanden, aber leider hat auch er mich inzwischen verlassen, was ja normal ist, wenn man so viele Jahre auf dem Buckel hat wie ich.

Lore Hepner H. (in der Bildmitte) und ihre Familie im Juli 2022 in Santiago de Chile beim Familientreffen. „Heute sind wir 70 Personen."

Adele Halberstam wurde 1943
in Auschwitz ermordet.

| **Epilog** – Die Geschichte im Lauf der Geschichte

Uns interessiert die Familie Hepner-Halberstam, heute in Santiago de Chile niedergelassen, aber ursprünglich aus Berlin. Uns interessiert deshalb also auch die Geschichte ihrer Vorfahren in jener Stadt, einst Hauptstadt des Deutschen Kaiserreichs.

Die ersten Dokumente, die etwas über die Anwesenheit von jüdischen Einwohnern in Berlin aussagen, stammen aus dem Jahr 1295. Dabei handelt es sich – fast prophetisch – um eine diskriminierende Anweisung für Weber, die ihre Wolle nicht mehr bei „semitischen" Verkäufern kaufen durften. Spätere Schriften machen klar, dass 1348, zur Zeit des „Schwarzen Todes", die Juden für die Pest verantwortlich gemacht und aus der Stadt vertrieben wurden. Laut einem anonymen Schreiber wurden sie in den darauffolgenden Jahren mehrmals wieder aufgenommen und ausgestoßen.

Hier muss daran erinnert werden, dass es sich um die Jahrhunderte handelt, in denen die katholische Kirche versuchte, das mittelalterliche Europa für sich zu gewinnen, und Juden wie andersdenkende Gruppen, die sie als Ketzer ansah, verfolgte. Wenn auch die von

Martin Luther und seinen Nachfolgern angestoßene Reformation die Situation nicht erleichterte, kann doch gesagt werden, dass die christlichen Kriege, die im Namen der einen oder anderen Religion geführt wurden, die Juden nicht mit einschlossen.

Die moderne jüdische Geschichte Berlins beginnt im Jahr 1671, als fünfzig jüdischen Familien erlaubt wurde, ihre Wohnquartiere in der Umgebung der Stadt einzurichten. Sehr bald wurde diese Zahl verdoppelt, bis 1730 der König von Preußen, Friedrich II., auch bekannt als Friedrich der Große, versuchte, das Anwachsen der bestehenden Familien zu begrenzen, indem er festlegte, dass nur einer ihrer Söhne heiraten dürfe, um wiederum eine Familie zu gründen. Trotz alledem und gegen jede Gesetzgebung setzte sich eine blühende jüdische Subkultur durch, von der der Philosoph Moses Mendelssohn, der die jüdisch-deutsche Assimilation predigte, ein begeisterter Vertreter war. Ende desselben Jahrhunderts und als Folge der französischen Revolution verbreiteten sich die Ideen von Freiheit und Gleichberechtigung über ganz Europa und bereiteten den Weg für die nationalen Minderheiten. 1871 wurden die Juden im Rahmen der Bismarck-Verfassung mit allen bürgerlichen Rechten in das große, nunmehr vereinte Deutsche Reich aufgenommen. Als 1914 der Erste Weltkrieg begann, gehörten die jüdischen Bürger zu den Ersten, die dem Aufruf an die Front folgten. 80.000 Juden kämpften an den verschiedenen Fronten, von denen 12.000 den Tod fanden und 35.000 wegen „ungewöhnlichen Muts in den Schützengräben" ausgezeichnet wurden.

Aus den fünfzig Familien, die 1671 in Berlin aufgenommen worden waren, hatte sich 1920 eine jüdische Bevölkerung von 173.000 Personen entwickelt, die ungefähr fünf Prozent der Bewohner der Hauptstadt ausmachte. Einige von ihnen waren auf ökonomischem Gebiet, in der Presse, im kulturellen und akademischen Leben sehr einflussreich. Bis 1930 waren 25 Prozent der deutschen Nobelpreisgewinner, in Wissenschaft und Literatur, jüdischen Ursprungs.

Für viele Deutsche, inklusive denjenigen, die vehement verneinten, Antisemiten zu sein, war die oben beschriebene Tatsache eine vage und fremde Macht, die über das Konzept hinausging, die Juden seien eine Minderheit, die sich von den anderen Deutschen nur dadurch unterschied, dass sie eine andere Religion hätten.

Unsere Großeltern

Am 7. Februar 1939 nahmen meine Brüder und ich ganz allein den Zug nach Holland. Bis heute unvergesslich ist mir die Abschiedsszene, die ich vom Fenster beobachten konnte, bis sich der Zug in Bewegung setzte.

Dort draußen, einer an den anderen gelehnt, blieben die vier Personen zurück, die bis dahin die Wärme meiner Kindheit gewesen waren, mein Schutz, das Echo meiner Gemütsbewegungen. Mein Vater, gebückt und noch schwach, meine Mutter, wie immer stark, aber verletzt, Tilla, unsere Köchin, unsere gute Tilla, sentimental und großzügig, sowie Omi Hepner, die Mutter meines Vaters, klein, fragil, mit ihrer Krone von weißem Haar und dem großen schwarzen Hut, wie auch ihre ganze Kleidung schwarz war, ihre wunderschönen blauen Augen, Spiegel der Schwermut der ganzen Gruppe.

Keiner von ihnen bewegte sich oder hob die Hand zu einem fernen Gruß. Mit ihren traurigen Gesichtern sahen sie uns lediglich nach, bis der Zug uns ihnen gestohlen hatte.

Adieu!

Nachdem meine Eltern im Monat Mai ihrerseits emigrieren konnten, blieb meine Großmutter, Eugenie Hepner, die schöne Frau des Journalisten und Verlegers, zurück. Meine Eltern brachten sie in einem Altersheim in der Oranienburger Straße unter. Dort besuchte sie 1942 zum letzten Mal unser Onkel Joseph, der, von seiner arischen Frau geschützt, im Versteck lebte. Später erzählte er eine erschreckende Geschichte über diesen Besuch: Omis Kopf war rasiert, sie war bis aufs Skelett abgemagert und unsagbar schwach.

Das Heim wurde schließlich isoliert, geschlossen und von den Lebensmittelrationierungslisten gestrichen. Meine Großmutter starb, verhungert, am 1. Februar 1943. Durch irgendeine mir nicht bekannte Verbindung wurde Onkel Joseph benachrichtigt, dem es gelang, seine Mutter, heimlich, mitten in der Nacht,

Adele Halberstam im holländischen Exil

Albert Halberstam, 1943 in Auschwitz ermordet

auf einer Holzkarre auf den Friedhof Weißensee zu bringen, wo sie neben ihrem viele Jahre vorher verstorbenen Mann begraben wurde.

Inzwischen waren die Deutschen 1940 in Holland und Belgien einmarschiert, ein Vorgehen, das sie „Anschluss" nannten und das sie vorher schon mit Österreich, Polen und der Tschechoslowakei ausprobiert hatten. In all diesen Ländern wurden sofort die Nürnberger Gesetze eingeführt. So kam es auch, dass ab Mai 1940 die Juden in Holland ihr Leben bedroht sahen und gezwungen waren, an einem sichtbaren Platz ihrer Kleidung den gelben Stern zu tragen.

„Ich bin stolz" – so schrieb Wilhelm Halberstam, mein Großvater, an seine Familie in Chile – „auf die Auszeichnung, die man mir gemacht hat, als man mich zwang, an meiner Jacke den schönen Davidstern zu tragen. So wird mich niemand, wenn er mich deutsch sprechen hört, mit den Nazibestien verwechseln, die mit ihrem groben Auftreten dieses schöne und freundliche Land beschmutzen."

Am 20. Juni 1943 wurden die Halberstams aus ihrer Wohnung gerissen und in das Konzentrationslager Westerbork deportiert. Nun fingen die Briefe an, immer seltener zu werden. Die in den Konzentrationslagern Festgehaltenen hatten ausschließlich die Möglichkeit, über das Internationale Rote Kreuz mit ihren Angehörigen in Verbindung zu bleiben. Dieser Weg war langsam und kompliziert, die Briefe mussten auf

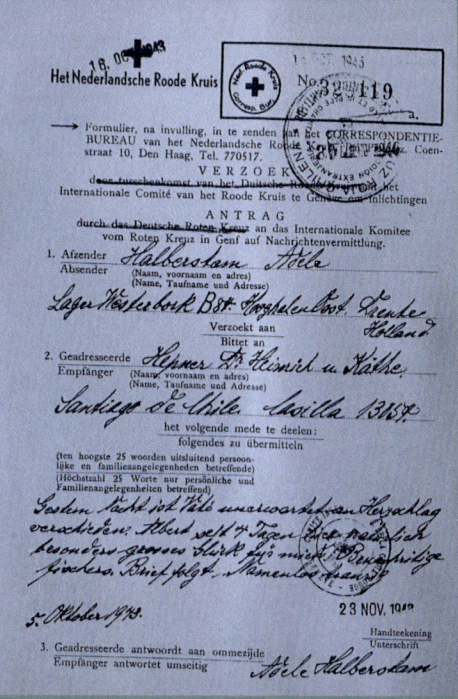

Rote-Kreuz-Nachricht aus dem Lager
Westerbork von Adele Halberstam nach
Chile: „Gestern ist Vater unerwartet an
Herzschlag verschieden. Albert seit 4 Tagen
hier, natürlich ein großes Glück für mich."

einem speziellen Formular geschrieben sein, durften nicht mehr als 25 Worte umfassen und wurden zensiert. Wenn wir diese Briefe heute durchgehen, müssen wir feststellen, dass Wilhelm Halberstam am 4. Oktober 1943 an Unterernährung starb. Die letzte Nachricht von unserer Großmutter, Adele Halberstam, mit schwerem Herzen geschrieben, stammt vom 31. Oktober des gleichen Jahres.

Jahre später, nachdem die ganzen Auswüchse des Holocaust ans Tageslicht kamen, stellten wir in den schwarzen Büchern fest, dass unsere Großmutter Adele Halberstam am 19. November 1943 in den Gasöfen von Auschwitz ermordet worden war, wohin ihr ihr Sohn Albert Halberstam nach monatelanger Strafarbeit am 31. März 1944 gefolgt war.

Eugenie, Siegfried, Adele, Wilhelm und Albert: Ruht in Frieden!

Santiago de Chile, 1988

Bibliografie

Paul Mamroth
„Mein Lebensweg 1859–1929"
Als Manuskript für Wenige gedruckt

Rahel Straus
„Wir lebten in Deutschland"
Erinnerungen einer deutschen
Jüdin, 1880–1933
Deutsche Verlagsanstalt, Stuttgart 1961

Otto Friedrich
„Before the Deluge"
A Portrait of Berlin in the 1920's
Harper & Row, New York 1972

„Wegweiser durch das jüdische Berlin"
Geschichte und Gegenwart
Nach einer Idee von Nicola
Galliner
Nicolai, Berlin 1987

Weiterführende Links:
https://www.joodsmonument.
nl/en/page/199725/albert-halberstam

https://www.fritz-bauer-forum.de/
datenbank/adele-und-wilhelm-halberstam/

Bildnachweis

Cover: © privat; 6 © Myriam Halberstam; 9 © Myriam Halberstam; 11 © Myriam Halberstam; 12 © privat; 15 © privat – Archivo Judío de Chile; 16 © privat; 19 2560px Yom_Kippur_Service_Held_by_Jewish_Soldiers_in_the_German_Army_-_Google_Art_Project_@ Commons.Wikimedia.org; 20 © privat; 24 Kroonland_in_Panama_Canal,_1915_@ Commons.Wikimedia.org; 27 sämtliche _@ Wikimedia; 28 © privat; 30 © privat; 33 sämtliche @ Commons.Wikimedia.org; 34 © privat; 36 4096 pxBerlin,_Charlottenburg,_Synagoge_in_der_Fasanenstraße,_Foto_von_Waldemar_Titzenthaler; 39 Bundesarchiv_Bild_119-1983-0007,_Kapp-Putsch,_Marinebrigade_Erhardt_in_Berlin @ Commons.Wikimedia.org; 40 © privat; 45 Bundesarchiv_Bild_146-1970-061-65,_Magdeburg,_zerstörtes_jüdisches_Geschäft @ Commons.Wikimedia.org; 47 oben: 1024px-PrisonersKZSachsenhausen1938, Mitte Bundesarchiv_Bild_183-78612-0002,_KZ_Sachsenhausen,_Häftlinge_vor_Lagertor @ Commons.Wikimedia.org, unten: © privat- Archivo Judío de Chile; 49 © privat - Archivo Judío de Chile ; 50 Bundesarchiv_Bild_183-S69279,_London,_Ankunft_jüdische_Flüchtlinge @ Commons.Wikimedia.org; 53 © privat; 55 oben: StLouis-Hamburg @ Commons.Wikimedia.org, unten: StLouisHavana @ Commons.Wikimedia.org; 59 © privat; 62 oben: © privat von Buxus Stiftung gGmbh, unten: Postal_Valparaíso._Plaza_Victoria_y_calle_Condell,_1946 @ Commons.Wikimedia.org; 67 Plaza_Lyon_Building_(9188320062) @ Commons.Wikimedia.org, unten LORE (c)privat- Archivo Judío de Chile; 71 oben: © privat von Buxus Stiftung gGmbh, unten © privat – Archivo Judío de Chile ; 73 © privat; 74 © privat; 79 oben: © privat von Buxus Stiftung gGmbh, unten: © privat; 81 © privat

Impressum

© 2022 Ariella Verlag, Myriam Halberstam
Antwort an Albert – eine jüdische Familienchronik zwischen Berlin und Chile
Aus dem Spanischen von Lore Hepner H.
Die Originalausgabe erschien 1990 unter dem Titel **Respuesta a Albert – una crónica familiar** © Caligrafiazul, Santiago, Chile, und wurde für die deutsche Ausgabe überarbeitet und ergänzt.

Gestaltung: Christine Paxmann
Lektorat: Carola Köhler
Fachlektorat: Myriam Halberstam
Gedruckt in der EU

ISBN 978-3-945530-41-2